DEIN NAME:

. . . .

Willkommen, gleich beginnt ein Fußball-Abenteuer!

In diesem Buch müssen einige Rätselaufgaben gelöst
werden. Richtige Antworten bringen dich näher zum Ziel:
auf den Rasen. Falsche Antworten führen dich
in die Irre. Zum Beispiel kommst du dann nicht
vom Fleck und bleibst in der Kabine stecken.
Oder die falsche Antwort wirft dich einige Seiten zurück.
Und wenn du richtig Pech hast, wirst du
mit der falschen Antwort sogar im Klo eingesperrt!
Aber das Gute ist, dass du das Buch
immer wieder lesen und andere Entscheidungen
ausprobieren kannst. Und du bist nicht allein,
denn Lena und Malik begleiten dich und haben
immer wieder hilfreiche Tipps.
Also viel Spaß – und schau immer genau hin!

Du willst noch mehr rätseln? Dann lies auch:

ISBN 978-3-551-69028-9

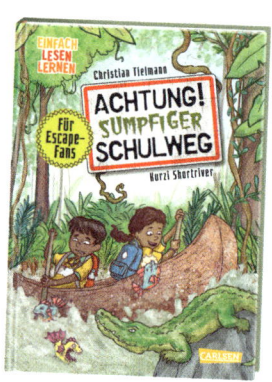

ISBN 978-3-551-69027-2

Christian Tielmann

ACHTUNG! FIESE ABSEITSFALLE

Mit Bildern von
Gerhard Schröder

Das Endspiel

Du bist total aufgeregt.
Denn heute geht es um alles:
Deine Mannschaft ist im Endspiel!
Das wird im alten Wald-Stadion
ausgetragen.

Du bist früh dran.

Nur Lena und Malik sind schon da.

Sie sind in deiner Mannschaft.

Ihr habt einen schwierigen Gegner:

die Jungs und Mädchen vom SC Südstadt.

Die habt ihr noch nie besiegt.

Du bist noch neu in eurem Team.

Malik hat ein Trikot für dich dabei.

Auch Lena zieht ihr Trikot über.

Du bist der Stürmer.

Aber wer wird im Tor stehen?
Lies auf der Seite weiter,
die hinter der richtigen Antwort steht!

Malik   →   S. 8
Lena   →   S. 10
Du   →   S. 6

Plötzlich öffnet sich die Tür des Stadions.

„Ah, da sind ja unsere Gegner!", sagt Boris.

Boris Bollenkopp ist der Kapitän
des SC Südstadt.

Er grinst fies.

„Kommt doch rein, wenn ihr euch traut."

Natürlich traut ihr euch!

Ihr lauft an Boris vorbei in den Gang.

Boris lacht: „Sorry, Leute!

Ihr spielt nicht mit!"

Er wirft die Tür hinter euch ins Schloss.

Malik tastet nach dem Türgriff.
Den hat Boris abgeschraubt!
So eine fiese Falle!
Wenn ihr nicht pünktlich
auf dem Platz steht,
pfeift der Schiedsrichter
das Spiel ohne euch an!
Aber Malik ist Kapitän.
Lena ist die Torhüterin.
Und du bist der Superstürmer!

Was sollt ihr jetzt bloß tun?

Willst du nach einem Lichtschalter suchen?

Oder wäre es besser, um Hilfe zu schreien?

Du entscheidest!

Lies auf der Seite weiter,

die hinter deiner gewählten Antwort steht!

Ihr ruft um Hilfe → S. 22

Ihr sucht den Lichtschalter → S. 34

Die Türklinke

Du rüttelst mit Malik an der Türklinke.
Auch Lena hilft euch.
Ihr zieht daran.
Ihr zerrt daran.
Ihr drückt sie rauf und runter.

Da habt ihr den Türgriff in der Hand.

„Abgebrochen!", sagt Lena.

„Was jetzt?", fragt Malik.

„Die Türklinke sieht aus wie ein Schlüssel",
sagt Malik.
Lena zeigt auf ein Gitter an der Wand.
„Vielleicht geht damit die Klappe auf!"

„Oder wir öffnen den Spind des Trainers",
schlägt Malik vor.
Auch der ist abgeschlossen.
Ihr schaut euch den Türgriff genau an.
Was könnt ihr damit öffnen?
Lies auf der Seite weiter,
die hinter der richtigen Antwort steht!

Gitter an der Wand   →   S. 18
Spind des Trainers   →   S. 16

Super! Die Türklinke passt.

Ihr öffnet das Gitter an der Wand.

Dahinter ist ein Schacht.

Der ist sehr dunkel.

„Lasst uns reinklettern", sagt Lena.

„Aber was ist da drin?", fragt Malik.

Ihr entdeckt Buchstaben im Schacht.

Sie verraten, was euch dort erwartet.

Was ist es?

Wovon ist im Schacht ganz viel vorhanden?

Lies auf der Seite weiter,

die hinter der richtigen Antwort steht!

| Luke | → | S. 14 | Foul | → | S. 16 |
| Luft | → | S. 38 | Flut | → | S. 19 |

Super!

Ihr habt es in den Spielertunnel geschafft.

Damit hat Boris bestimmt nicht gerechnet.

Ihr habt seine Falle geknackt.

Die Fans im Stadion sind schon richtig laut.

Ihr müsst auf den Platz!

Aber am Ende sind wieder zwei Türen.

„Jetzt reicht's aber!", schimpft Lena.

„Wo führen diese Türen hin?!", fragt Malik.

Nimm von jedem Bild auf einer Tür
den Anfangsbuchstaben!

Sie ergeben ein Wort.

Welche Seitenzahl steht auf der Tür,
die zum Platz führt?

Gefangen im Grusel-Stadion

Vom Geschrei kriegt ihr Halsschmerzen.

Aber keine Hilfe.

Von draußen hört ihr nichts.

Die Tür ist zu dick.

Ihr tappt im Dunkeln den Flur entlang.
Aber einen Lichtschalter findet ihr nicht.
„Da hinten leuchtet etwas", sagt Lena.
Tatsächlich ist da ein Lichtpunkt.
Was ist das?

Malik lacht: „Das ist ein Glühwürmchen!"
Ihr folgt ihm in einen Raum.
Da fällt die Tür hinter euch ins Schloss.
Und die bekommt ihr nicht mehr auf.
Denn auch hier fehlt der Griff!

Dafür findet ihr dort zwei Dinge.

Welche?

Setze die Wörter sinnvoll zusammen.

Lies auf der Seite weiter,

die hinter der richtigen Antwort steht!

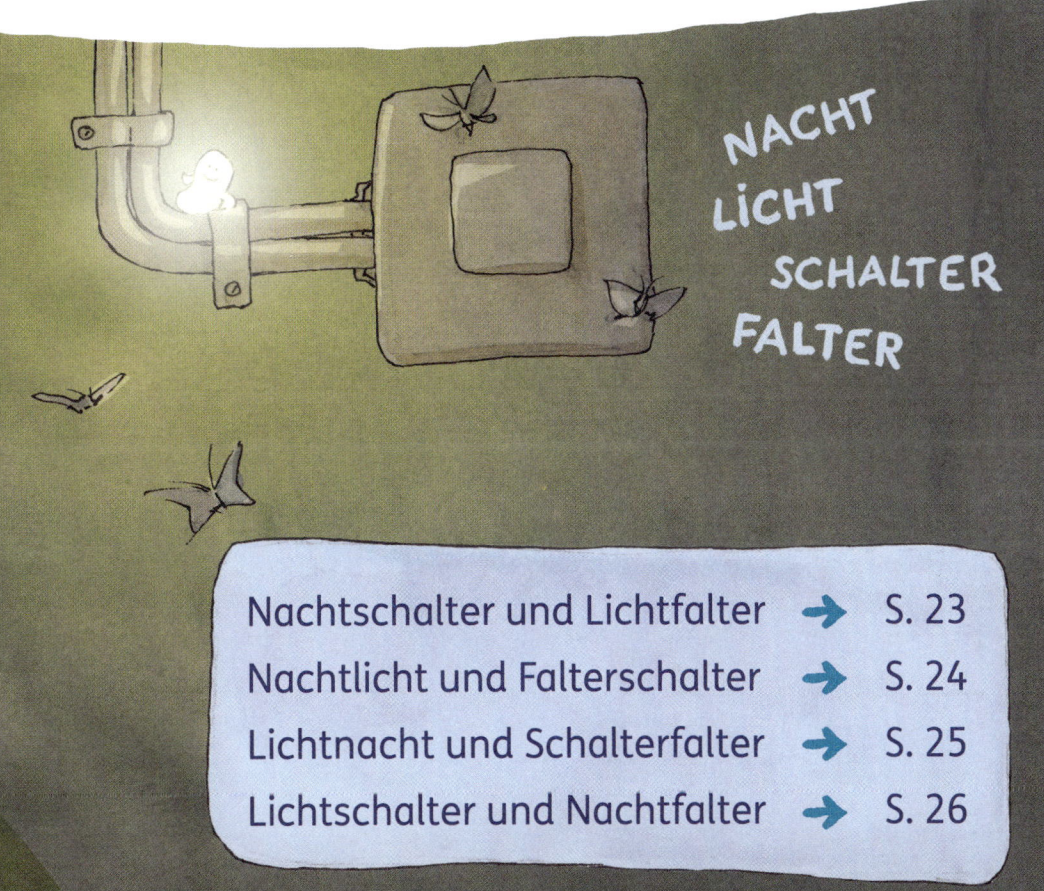

NACHT
LICHT
SCHALTER
FALTER

Nachtschalter und Lichtfalter → S. 23

Nachtlicht und Falterschalter → S. 24

Lichtnacht und Schalterfalter → S. 25

Lichtschalter und Nachtfalter → S. 26

Prima, du hast den Lichtschalter
und die Nachtfalter entdeckt!
Im Licht seht ihr, wo ihr gelandet seid.
„Das ist die alte Kabine des FC Altstadt!"
Lena und Malik wissen alles
über diese Mannschaft.

Die war sogar mal in der Bundesliga.

Aber das ist lange her.

Seitdem ist das Stadion
echt heruntergekommen.

Du entdeckst einen Schlüssel.

Er hängt an einem Haken.

Ihr überlegt.

„Ich weiß, wo der Schlüssel passen wird",
sagt Malik.

Du hast auch eine Ahnung.

Zu welchem Schrank passt der Schlüssel,
den du gefunden hast?

Lies auf der Seite weiter,
die auf dem gesuchten Schrank steht!

Ja! Der Schlüssel hat echt bei der 30 gepasst! Lena sieht sofort den Notfallplan, den der Kapitän hier angeklebt hat.
Falls du im Stadion eingesperrt bist:
Nimm einen Gegenstand, der mit B anfängt!

Mehr steht da nicht.

„Na toll", mault Malik und sucht
den Schrank ab.

Tatsächlich findet er zwei Dinge,
die mit B anfangen.

Welche Gegenstände im Spind sind das?

Lies auf der Seite weiter,
die hinter der richtigen Antwort steht!

Birnensaft und Butterbrot   →   S. 48

Ball und Boxhandschuh   →   S. 30

Brille und Bild   →   S. 32

Bratpfanne und Bettlaken   →   S. 28

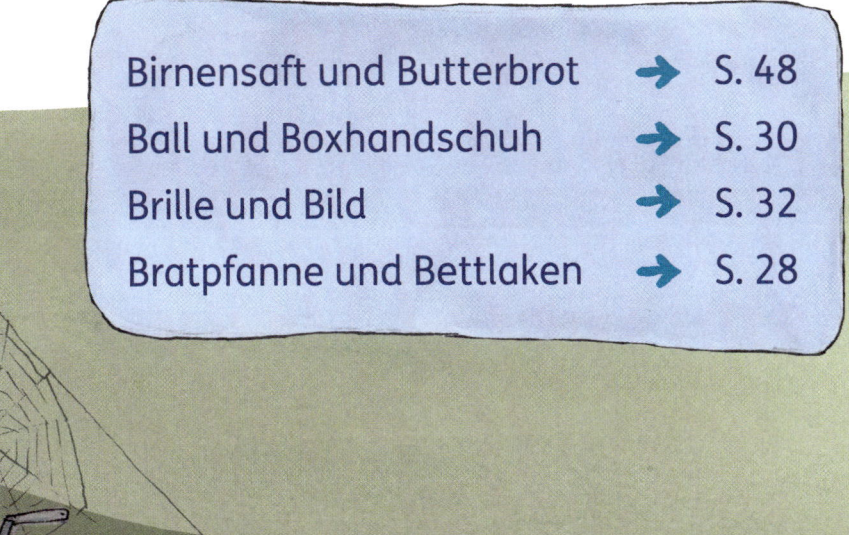

Ihr habt das Bild der Mannschaft
und die Brille des Kapitäns gefunden.
„Was bringt uns das?", fragt Lena.
Malik zuckt mit den Schultern.
Ihr seid noch immer eingeschlossen.
Aber die Zeit drängt!
Ihr müsst auf den Rasen!

Welchen Gegenstand willst du
genauer untersuchen?
Das Bild oder die Brille?
Du entscheidest!
Lies auf der Seite weiter,
die hinter dem Gegenstand steht.

Bild ➜ S. 50
Brille ➜ S. 60

33

Super! Du hast den Lichtschalter gefunden.
Aber die Tür zum Parkplatz ist verschlossen.
Der Mistkerl Boris hat ganze Arbeit geleistet.
Sogar die Türklinke hat er mitgenommen!
Lena fängt an zu schimpfen.

„Wenn wir zu spät auf dem Platz sind,
pfeift der Schiri das Spiel ohne uns an!"
„Dann lasst uns durch den Spielertunnel
auf den Rasen gehen", schlägt Malik vor.
Aber dorthin müsst ihr erst mal kommen.
„Hier ist eine Tür offen!", sagst du.
Ihr geht hindurch.

Ihr kommt in die Trainerkabine.

Rumms! Da fällt die Tür hinter euch zu.

Und sie geht nicht mehr auf.

Ihr seid gefangen.

Malik rüttelt an der Türklinke.

Lena versucht währenddessen,

die Schublade des Schreibtischs zu öffnen.

Wem willst du helfen? Malik oder Lena?

Lies auf der Seite weiter,

die hinter deiner Antwort steht!

Ihr rüttelt wie verrückt an der Tür ➡ S. 14

Ihr öffnet die Schublade ➡ S. 70

Die Zeit wird knapp

Prima! Ihr seid jetzt im Luftschacht.

Die Luft wird hier nicht knapp.

Davon ist jede Menge vorhanden.

Aber die Zeit wird knapp.

„Gleich ist schon Anpfiff!", jammert Lena.

Sie kriecht durch den Schacht.

Du krabbelst hinterher.

Der Schacht endet vor einem zweiten Gitter.

Ihr seht durchs Gitter ins Arztzimmer.

Ihr entdeckt mehrere Dinge.

Könnte etwas davon nützlich für euch sein?

Was braucht ihr, um das Gitter zu öffnen?

Verbinde jeweils ein Wort

mit dem entsprechenden Gegenstand.

Welches WORT bleibt übrig?

Damit lässt sich die Klappe öffnen!

Durch das Arztzimmer könnt ihr weiter

in die Kabine des Schiedsrichters laufen.

Lies auf der Seite weiter,

die hinter der richtigen Antwort steht!

THERMOMETER → 38

LAMPE → 41

NOTSCHLÜSSEL → 58

STETHOSKOP → 39

PFLASTER → 38

BRECHMITTEL → 48

KITTEL → 40

Gut gemacht!

Ihr habt den Schlüsselkasten geöffnet.

Dort findet ihr den Schlüssel.

Aber welche Tür wollt ihr aufschließen?

Ihr hört schon Geschrei aus dem Stadion.

Ihr müsst schnell in den Spielertunnel!

„Der Schlüssel passt in beide Türen."
Aber Malik widerspricht Lena:
„Nein, auf einem Bild sind drei Fehler!
Lasst uns am besten die Tür mit
dem richtigen Schiedsrichter öffnen!"
Welche Tür ist das?
Lies auf der Seite weiter,
die hinter der richtigen Antwort steht!

Blaue Tür → S. 20
Rote Tür → S. 48

Anpfiff!

Hurra! Ihr habt es geschafft!
Gerade noch rechtzeitig.
„Wo kommt ihr denn jetzt her?
Und wieso seid ihr so spät?"
„Wir sind in eine fiese Abseitsfalle geraten",
sagst du.

Aber euer Trainer ist froh, dass ihr da seid.

Ihr müsst jetzt schleunigst aufs Feld!

Boris kriegt seinen Mund nicht mehr zu.

Du zupfst die Schienbeinschoner zurecht.

Lena läuft ins Tor.

Malik steht mit dir am Mittelkreis.

Der Schiedsrichter pfeift das Spiel an.

Gegen euch hat der SC Südstadt keine
Chance! Du triffst dreimal in diesem Spiel.
Malik motiviert die Mannschaft.
Und Lena hält den Kasten sauber.
Am Ende steht es 3:0 für euch!
Ihr seid Stadtmeister und ein super Team.
Boris Bollenkopp ist geschlagen.
Das Stadion bebt und wackelt
vor Freude mit euch.

„Wir haben echt gewonnen!"

„Nie wieder will ich in dieses Stadion",

sagt Malik.

„Wieso?" Lena grinst.

„Eigentlich war es doch ganz spannend!"

Was meinst du?

Willst du noch einen anderen Weg

durch das alte Stadion ausprobieren?

Dann lass dich noch mal

von Boris einsperren.

Das macht er auf Seite 11!

Viel Spaß!

Klo

Oh, oh, das war leider falsch.
Ihr seid im Klo gelandet.
Hier führt kein Weg mehr raus.
Ihr müsst warten,
bis der Trainer euch findet.

Dann ist das Spiel aber längst vorbei.
Du kannst nur zurück zu der Seite blättern,
von der du hierhergekommen bist.
Du weißt die Seite nicht mehr?
Dann starte noch einmal
auf dem Parkplatz auf **Seite 6**. Viel Glück!

Die Mannschaft

Gut gemacht!

Du hast dich für das Bild entschieden.

Ihr betrachtet es genauer.

„Was soll uns das schon bringen?",

fragt Malik.

Aber Lena sagt: „Einer sieht komisch aus!"

Plötzlich lacht auch Malik.

„Mit einem Spieler stimmt was nicht!"

Welchen Spieler meinen Lena und Malik?

Lies auf der Seite weiter,

die der seltsame Spieler

als Nummer hat.

Genau! Es ist der Basketballspieler.

Der gehört nicht in die Fußballmannschaft.

Aber sein Spind ist mit

einem Zahlenschloss gesichert.

Und ihr kennt den Code nicht.

15 17 52 16

Wie viele
Spieler
sind
bei einem
Bundesliga-
spiel
auf dem
Fußball-
platz
?

Du entdeckst auf dem Spind eine Frage
und liest sie den anderen vor.

„Die hat sich der Basketballspieler
bestimmt als Erinnerung notiert!",
vermutet Malik.
Lies auf der Seite weiter,
die hinter der richtigen Antwort steht!

7   →   S. 51

11 →   S. 53

22 →   S. 54

Super! 22 war die richtige Antwort.

Ihr könnt das Schloss öffnen!

Die Tür quietscht schauerlich.

Das Licht flackert.

Es ertönt eine automatische Ansage:

„Du willst den Notausgang öffnen?

Dann beantworte erst diese Frage:

Wie viele Basketbälle sind uns

ins Netz gegangen?"

Lies auf der Seite weiter,

die hinter der richtigen Antwort steht!

4 ➜ S. 32   5 ➜ S. 56

7 ➜ S. 51   12 ➜ S. 8

55

Cool! Fünf Basketbälle sind richtig.

Da klappt die Rückwand des Spinds auf.

Das ist eine versteckte Tür.

Ihr müsst durch den Spind

in einen Geheimgang klettern.

„Schnell! Mir nach!", sagt Malik.

„Dann schaffen wir es vielleicht

noch vor dem Anpfiff zur Ersatzbank!"

Aber Lena hält ihn zurück.

Sie zeigt auf den Plan

an der Rückwand des Spinds.

„Hier können wir uns leicht verirren!"

Welchen Weg müsst ihr nehmen,

um zur Ersatzbank zu kommen?

Lies auf der Seite weiter,

die hinter der richtigen Antwort steht!

Weg 1 ➜ S. 56   Weg 2 ➜ S. 68

Der Notschlüssel war richtig!

Ihr öffnet damit das Gitter.

Und flitzt dann durch das Arztzimmer

in die Schiedsrichterkabine.

Aber die Tür zum Spielertunnel

ist abgeschlossen.

„Der richtige Schlüssel hängt bestimmt

im Schlüsselkasten!", sagt Malik.

Aber der ist mit einem Zahlenschloss

gesichert.

„Das knacken wir!", sagt Lena.

Sie deutet auf die Rechenpyramide.

Rechne immer zwei Zahlen zusammen,

die nebeneinanderstehen.

Schreibe das Ergebnis

ins nächsthöhere Feld der Pyramide.

Mit der obersten Zahl könnt ihr

den Schlüsselschrank öffnen!

Lies auf der Seite weiter,

die im blauen Feld stehen muss!

Du hast dich für die Brille entschieden.

Du setzt sie auf.

Der Raum sieht durch die Brille anders aus.

„Da sind Zeichen an der Wand!", sagst du.

Du musst näher herangehen.
Was sollen diese Zeichen bedeuten?
Du lässt auch Lena und Malik
durch die Brille schauen.

„Das ist ein Sudoku", sagt Malik.

Auch Lena kennt diese Rätsel.

Jedes Symbol muss jeweils einmal

in jeder Zeile und in jeder Spalte

vorkommen.

Fußball	➜ S. 62	Schuh	➜ S. 61
Tor	➜ S. 65	Gelbe Karte	➜ S. 60

Ein Feld ist grün markiert.

Welches Symbol fehlt in diesem Feld?

Lies auf der Seite weiter,

die hinter der richtigen Antwort steht!

Super! Ihr habt das Wort „TOR"
ins grüne Feld geschrieben.
Plötzlich verschiebt sich die Mauer.
Dahinter erscheint eine Torwand!
„Wir müssen bestimmt durch
die Löcher schießen", sagt Malik.
„Die Torwand verdeckt vielleicht
eine Geheimtür!", vermutet Lena.
Ihr sucht einen Ball. Du hoffst,
dass ihr zum Spielertunnel kommt,
wenn ihr das richtige Loch trefft.
Denn die Zeit wird knapp!

Zur Vorsicht schaut Malik noch einmal
genau durch die Brille.
„Was siehst du?", fragt ihn Lena.
„Gibt es einen Tipp mit der Brille?",
drängelst du.
„Durch welches Loch sollen wir schießen?"
Malik hat Zahlen entdeckt.

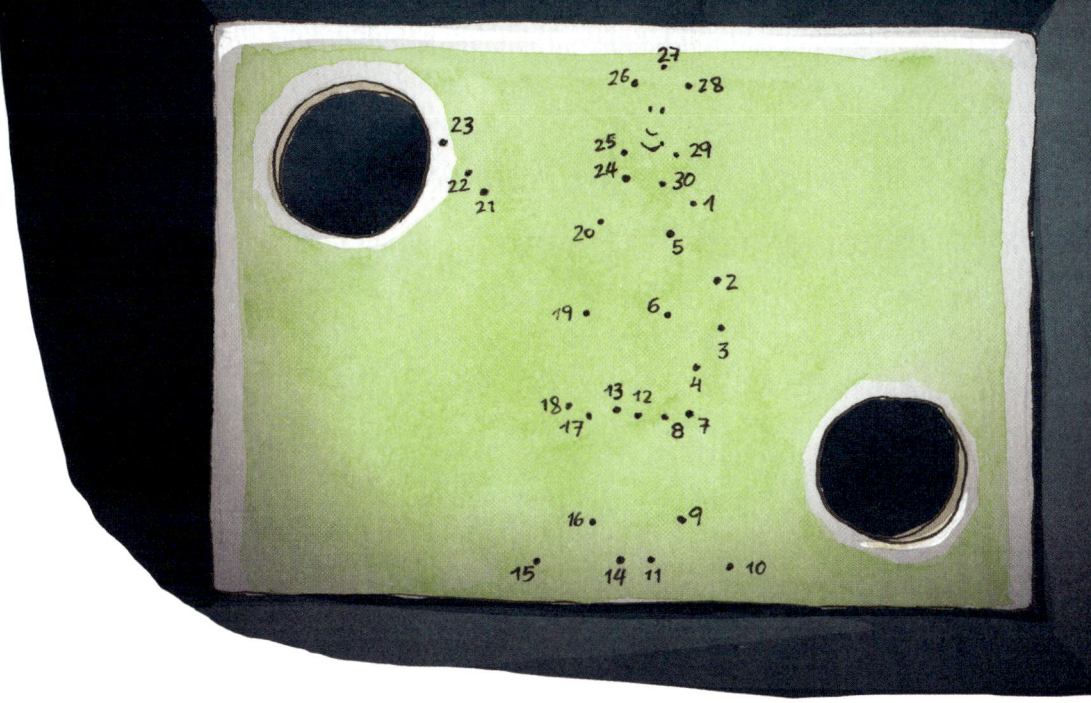

Du verbindest die Zahlen von Punkt zu Punkt.

Plötzlich seht ihr klar.

Durch welches Loch muss der Ball?

Lies auf der Seite weiter,

die hinter der richtigen Antwort steht!

Unten rechts → S. 62   Oben links → S. 20

Ihr habt den Gang zur Ersatzbank
gefunden!
Am Ende des Flurs sind zwei Türen.
Welche führt euch ins Stadion?
Malik schaut auf eine Uhr
im Seitengang.
„Mist! Es ist schon fast zu spät!"

Auch Lena sagt:

„Wenn jetzt noch etwas schiefgeht,

pfeift der Schiri das Spiel ohne uns an!"

Durch welche Tür müsst ihr gehen?

Lies auf der Seite weiter,

die hinter der passenden Tür steht!

Blaue Tür ➜ S. 44   Rote Tür ➜ S. 48

Du hilfst Lena mit der Schublade.

Ihr zieht mit aller Kraft daran.

Das ist zu viel für das Schloss.

Es kracht.

Die Schublade fliegt auf.

Aber darin ist kein Schlüssel.

Sondern nur ein Stadionbild

vom Fanblock.

„Na toll!",

stöhnt Malik.

71

Du nimmst das Foto der Fans
aus der Schublade.

Darunter liegt noch etwas!
Ein Schraubenzieher.
„Super!", jubelt Lena.
Sie versucht damit die Tür zu öffnen.
Aber das funktioniert nicht.
„Mach schneller", drängelt Malik.
„Wir müssen auf den Platz!"

Ihr betrachtet das Foto
noch einmal genau.
„Da steht ja was!", sagt Malik.
Lena lässt von der Tür ab.
„Das ist ein Tipp!", sagt sie.

Plötzlich muss sie lachen.

„Und mit dem Schraubenzieher
kommen wir da auch rein!"

Welches Wort haben Malik und Lena
auf dem Fan-Foto entdeckt?

Lies auf der Seite weiter,
die hinter der richtigen Antwort steht!

Schuft lacht ➜ S. 70   Luftschacht ➜ S. 38

Schlachtflut ➜ S. 48   Fußball   ➜ S. 73

Lösungen

S. 9: LENA ist Torhüterin. Ihr Name steht auf den Handschuhen.

S. 17: Die Türklinke passt beim GITTER an der Wand zum Luftschacht.

S. 19: Es ist ganz viel LUFT im Schacht.

S. 21: Auf der weißen Tür sind Känguru, Löwe und Ohr, die Tür führt zum KLO.
Auf der schwarzen Tür sieht man: Papagei, Löwe, Affe, Tor und Zaun,
die Tür führt zum PLATZ.

S. 25: LICHTSCHALTER und NACHTFALTER.

S. 29: Es ist der SPIND mit der NUMMER 30.
Denn das ist die Nummer des Hakens auf S. 26.

S. 31: BRILLE und BILD sind richtig.

S. 41: Der NOTSCHLÜSSEL bleibt als Wort übrig. Damit lässt sich die Klappe öffnen.

S. 43: Auf der BLAUEN TÜR ist der richtige Schiedsrichter:

S. 51: Der Spieler mit der NUMMER 52 ist merkwürdig. Er trägt ein Basketballtrikot
und hat einen Basketball unterm Arm.

S. 53: Jede Mannschaft hat 11 Spieler. Also stehen 22 SPIELER auf dem Fußballplatz.

S. 54: Es sind 5 BASKETBÄLLE ins Netz gegangen.

S. 57: WEG 2 führt zur ERSATZBANK, Weg 1 kassiert eine rote Karte.

S. 59: Im obersten Feld muss 42 stehen: 40+1=41; 1+0=1; 41+1=42.

S. 63: Im markierten Feld fehlt das TOR-Symbol:

S. 67: Ihr müsst den Ball durch das Loch OBEN LINKS schießen.

S. 69: Die passende Tür ist die BLAUE TÜR.

S. 75: Lena und Malik haben das Wort LUFTSCHACHT auf dem Foto entdeckt.

Christian Tielmann spielte als Kind gern und schlecht Fußball auf dem Garagenhof. Er hat mit seinem starken linken Fuß sehr oft getroffen: Nasen, Brillen und das falsche Garagentor, was die Nachbarn ebenso auf die Palme brachte wie seine verzweifelten Mitspieler.

Gerhard Schröder hat als Kind oft mit seinen Freunden auf der Wiese gekickt und denkt gern daran zurück. Schon damals wurde jedoch klar, dass seine Stärken eher am Zeichentisch liegen oder im Spiel mit Bällen, die mit der Hand geführt werden.